ATAQUES RÁPIDOS y FANÁTICOS

Entre bastidores del día del juego de baloncesto

de Martin Driscoll

CAPSTONE PRESS
a capstone imprint

Publicado por Spark, una impresión de Capstone
1710 Roe Crest Drive, North Mankato, Minnesota 56003
capstonepub.com

Los datos de catalogación en publicación de la Biblioteca del Congreso están disponibles en el sitio web de la Biblioteca del Congreso.

ISBN: 9781669090052 (tapa dura)
ISBN: 9781669090007 (rústica)
ISBN: 9781669090014 (libro electrónico PDF)

Resumen: ¿Crees que el baloncesto profesional comienza con salto entre dos inicial? ¡Piensa otra vez! En este libro de Sports Illustrated Kids, irás detrás de escena en un día de juego típico en el baloncesto profesional: desde la limpieza de la cancha dura y la locura de las mascotas hasta las charlas de ánimo
en el vestuario y las entrevistas posteriores al juego. Este libro trepidante y lleno de datos brindará a los fanáticos del baloncesto de todas las edades una perspectiva totalmente nueva del baloncesto de alto nivel.

Créditos editoriales
Editor: Donald Lemke; Diseñadora: Tracy Davies; Investigadora de medios: Svetlana Zhurkin; Especialista en producción: Katy LaVigne

Traducido al idioma español por U.S. Translation Company

Créditos de las imágenes
Associated Press: Ashley Landis, 17; Getty Images: AFP/Timothy A. Clary, 12, Alika Jenner, 19, Allen Berezovsky, 18, Claus Andersen, 27, Elsa, 23, Ezra Shaw, 26, Hannah Foslien, 16, Jonathan Daniel, 25, NBAE/Bill Baptist, 22, NBAE/David Dow, 9, NBAE/David Sherman, 7, 10, NBAE/Garrett Ellwood, 20, NBAE/Jim Poorten, 21, NBAE/Joe Murphy, 6, NBAE/Kate Frese, 15, NBAE/Nathaniel S. Butler, 11, NBAE/Rocky Widner, 13, Otto Greule Jr., 24, Sports Illustrated/John W. McDonough, 14, The Denver Post/John Leyba, 8; Shutterstock: Alex Kravtsov, portada (arriba atrás y abajo a la izquierda), elisa galceran garcia, 29 (arriba), M. Budniak, 29 (abajo), niwat chaiyawoo, portada (arriba a la derecha), 1, popular.vector, 29 (ícono del baloncesto), Rawpixel, portada (abajo a la derecha), Ron Alvey, portada (abajo en medio), Ron Dale (fondo), portada, contraportada, WoodysPhotos, 28; Sports Illustrated: Erick W. Rasco, 4, 5

Printed and bound in China. 6096

TABLA DE CONTENIDO

Las palabras en **negritas** están en el glosario.

TÍRALE AL ARO

Dos equipos de baloncesto ingresan a la cancha. Los jugadores se estiran y realizan tiros de calentamiento. Las bolas rebotan en el aro o atraviesan la red. Pronto comenzará el juego.

LeBron James

El New York Liberty de la WNBA juega contra el Connecticut Sun.

Los aficionados han venido a ver a los mejores jugadores del mundo. Las estrellas más importantes de este deporte juegan en la Asociación Nacional de Baloncesto (NBA) y la Asociación Nacional de Baloncesto Femenino (WNBA).

PREPARÁNDOSE

Cada equipo tiene una **práctica de tiro** el día del partido. Estas prácticas suelen ser por la mañana. Los entrenadores explican su plan para vencer a su **oponente**. Los jugadores practican los tiros que probablemente realizarán durante el juego.

Miembros de las Minnesota Timberwolves durante una práctica de tiro

La práctica de tiro dura aproximadamente una hora.

HECHO

La práctica de tiro fue idea del entrenador de la NBA, Bill Sharman. Entrenó al equipo de los Lakers de Los Ángeles en la década de los 1970.

Los técnicos de un equipo tienen un trabajo importante. Su objetivo es mantener a los jugadores sanos. Si los jugadores se lastiman, los técnicos los ayudan a sanar.

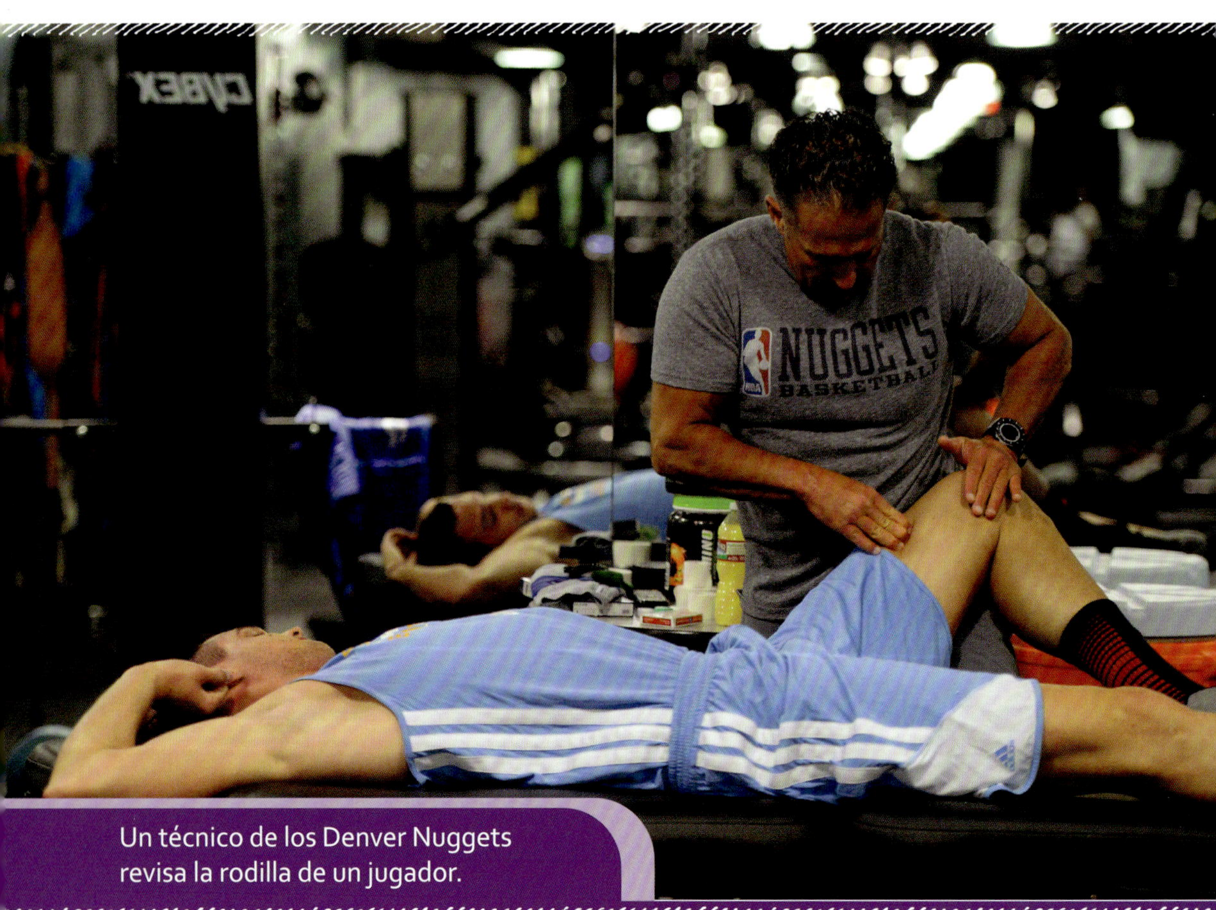

Un técnico de los Denver Nuggets revisa la rodilla de un jugador.

Una técnica del Phoenix Mercury le pone cinta al tobillo de la jugadora Penny Taylor.

La sala de entrenamiento se llena antes de la hora del juego. Los jugadores se apresuran a buscar ayuda con dolor en músculos y articulaciones. Los técnicos les ponen cinta en los tobillos. Estiran y masajean los músculos rígidos.

El vestuario de las Minnesota Lynx

Un vestuario de la WNBA o la NBA es como un segundo hogar. Cada jugador tiene espacio para uniformes, zapatos y equipamiento. Muchos casilleros también tienen pantallas de vídeo o reproductores de música.

Antes de cada partido, se lleva a cabo una reunión del equipo en el vestuario. Los entrenadores hablan con los jugadores. Explican su **estrategia** para el juego. Luego los jugadores se dirigen a la cancha.

TIEMPO DE JUEGO

La música a todo volumen retumba en la arena. Las luces de la cancha se atenúan. Entonces los proyectores deslumbran. La multitud aplaude. Es hora de que se presenten las alineaciones iniciales.

LeBron James es el jugador inicial de Los Ángeles Lakers.

El **locutor de megafonía** dice el nombre de cada jugador inicial. Los aficionados aplauden al quinteto inicial del equipo local.

HECHO

La multitud más grande en la historia del baloncesto vio el Juego de las Estrellas de la NBA en 2010. Más de 100 mil aficionados llenaron el estadio Cowboys Stadium en Arlington, Texas.

Un tiro al aire durante un partido entre Los Ángeles Lakers y Chicago Bulls

El juego comienza con un salto entre dos. Un jugador de cada equipo se ubica en la cancha central. Un árbitro lanza el balón al aire. Los dos jugadores saltan para alcanzarlo. Ambos esperan darle el balón a un compañero de equipo.

¡La multitud aplaude cuando el equipo local gana el **salto entre dos!**

El salto entre dos inicial entre
Phoenix Mercury y Washington Mystics

Tres oficiales están en la cancha para cada juego de la NBA y la WNBA. Antes del juego, los oficiales se aseguran de que las canastas y los tableros estén colocados correctamente.

Incluso revisan las pelotas de baloncesto. Las pelotas de juego deben estar **infladas** perfectamente.

HECHO

Los oficiales incluyen al árbitro principal y dos árbitros más. El árbitro principal está a cargo.

LLENO DE ACCIÓN

El base dribla el balón por la cancha. Ve a un compañero abierto cerca de la línea de 3 puntos. El base da un pase perfecto. Su compañero lo atrapa y tira.

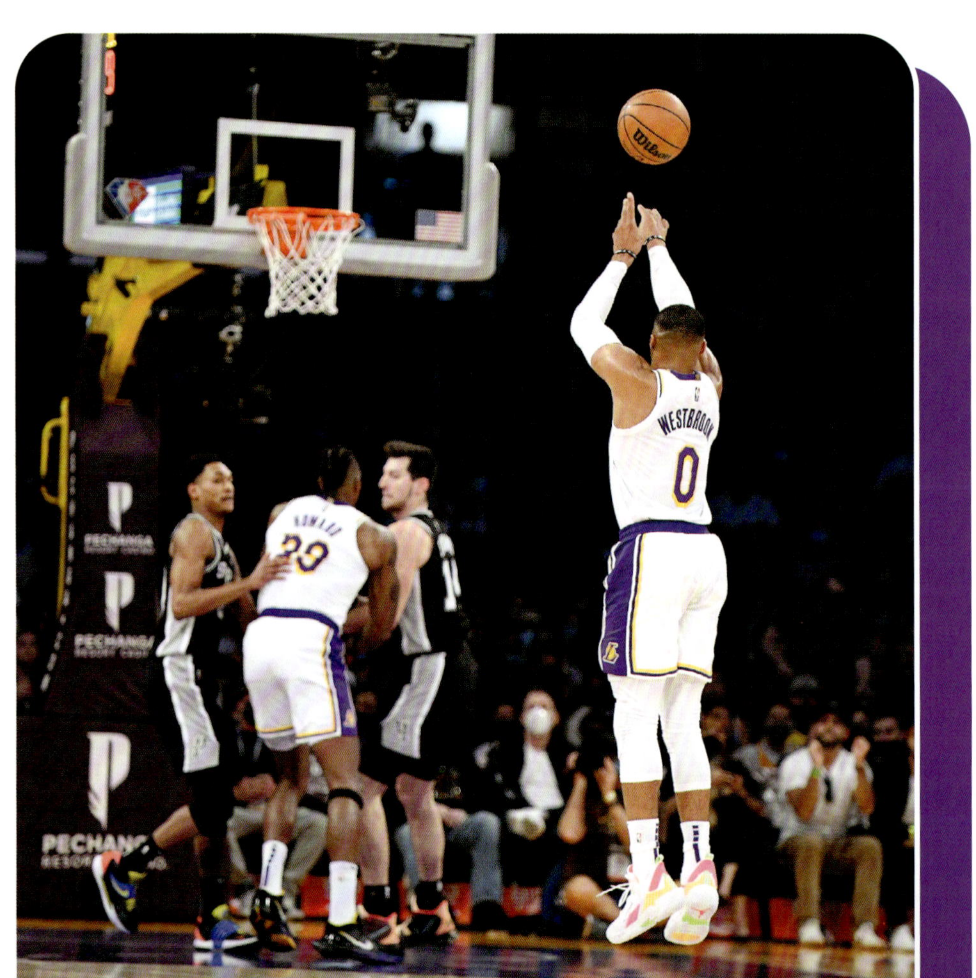

La pelota atraviesa la red. Un árbitro levanta ambos brazos en el aire. ¡Son tres puntos para el equipo local!

Muchos aficionados ven el partido por televisión. Los **locutores** describen la acción para los aficionados en casa. Trabajan en una mesa al lado de la cancha. Dan detalles sobre los jugadores y los equipos.

En el palco de prensa, otros miembros de los **medios** están trabajando. Cubren el juego para radio, periódicos y sitios web.

En el descanso, los equipos se apresuran a ir a sus vestuarios. El descanso tiene una duración de 15 minutos. Un equipo de baile actúa para los fans.

Luego, la mascota hace su propio espectáculo. Las mascotas emocionan a los aficionados con increíbles mates y otros trucos.

HECHO

En el descanso, los jugadores descansan, pero los entrenadores tienen trabajo que hacer. Hablan con el equipo y le explican la estrategia para la segunda parte.

Mascota " Stuff the Magic Dragon" del Orlando Magic

El tiempo se acaba. El marcador está cerca. La pivote atrapa un pase cerca de la canasta. La jugadora dribla alrededor de “una defensora y salta hacia el aro.

El alero de los Chicago Bulls, Tristan Thompson, hace un mate durante un juego.

Un mate pone de pie al público local. El aro se dobla bajo el peso. Pero no se romperá. El aro tiene resortes. Cuando el jugador lo suelta, vuelve a su lugar.

HECHO

El "aro separable" se ha utilizado en la NBA durante 40 años. Se inventó después de que varios tableros se rompieran durante los juegos.

Cuando gana el equipo local, los aficionados se van contentos a casa. Pero el día del juego no ha terminado.

Los equipos regresan a los vestuarios. Los entrenadores y los jugadores hablan con periodistas deportivos. Los periodistas hacen preguntas sobre el juego. Las respuestas que obtienen les ayudan a explicar el juego a los aficionados de todo el mundo.

HECHO

El equipo de la arena tiene trabajo que hacer después del partido. Barren la cancha y limpian alrededor de los bancos. También limpian el desorden dejado por miles de fans.

PLANIFICA TU DÍA DE JUEGO

Puedes organizar el día de juego en tu casa.

- Invita a tus amigos a ver un partido.
- Pídele a un adulto que te ayude a hornear algunas cosillas dulces.
- Organiza un lanzamiento de bolsas de frijoles en el sótano o en el patio trasero. Vean quién puede hacer el tiro más largo.
- Ten las patatas fritas y la salsa listas. Todo el mundo querrá hacer algunos mates.

GLOSARIO

estrategia (es-tra-TE-gia)—un plan para derrotar a un oponente

inflado (in-FLA-do)—lleno de aire o gas

locutor (lo-CU-tor)—una persona que describe el juego en televisión o radio

locutor de megafonía (lo-CU-tor de mega-fo-NÍA)—una persona que utiliza un sistema de altavoces para informar a la multitud en una arena

medios (ME-dios)—formas de comunicación o información, como periódicos, radio o televisión

oponente (o-po-NEN-te)—un equipo que compite contra otro

práctica de tiro (PRÁC-ti-ca de ti-ro)—una sesión relajada de práctica de baloncesto

salto entre dos (SAL-to EN-tre dos)—poner el balón en juego mediante un tiro al aire

ACERCA DEL AUTOR

Martin Driscoll es un ex reportero de un periódico y editor de libros para niños desde hace mucho tiempo. También es autor de varios libros de deportes para niños, incluidas biografías de estrellas legendarias del boxeo, el béisbol y el baloncesto. Driscoll vive en el sur de Minnesota con su esposa y sus dos hijos.

ÍNDICE